COLEÇÃO POESIA CÍTRICA

São Paulo, 2022
1ª edição
ISBN 978-65-86042-49-8

senryu & me
Poesia nipo-brasileira de humor

CARLOS CASTELO

LARANJA ● ORIGINAL

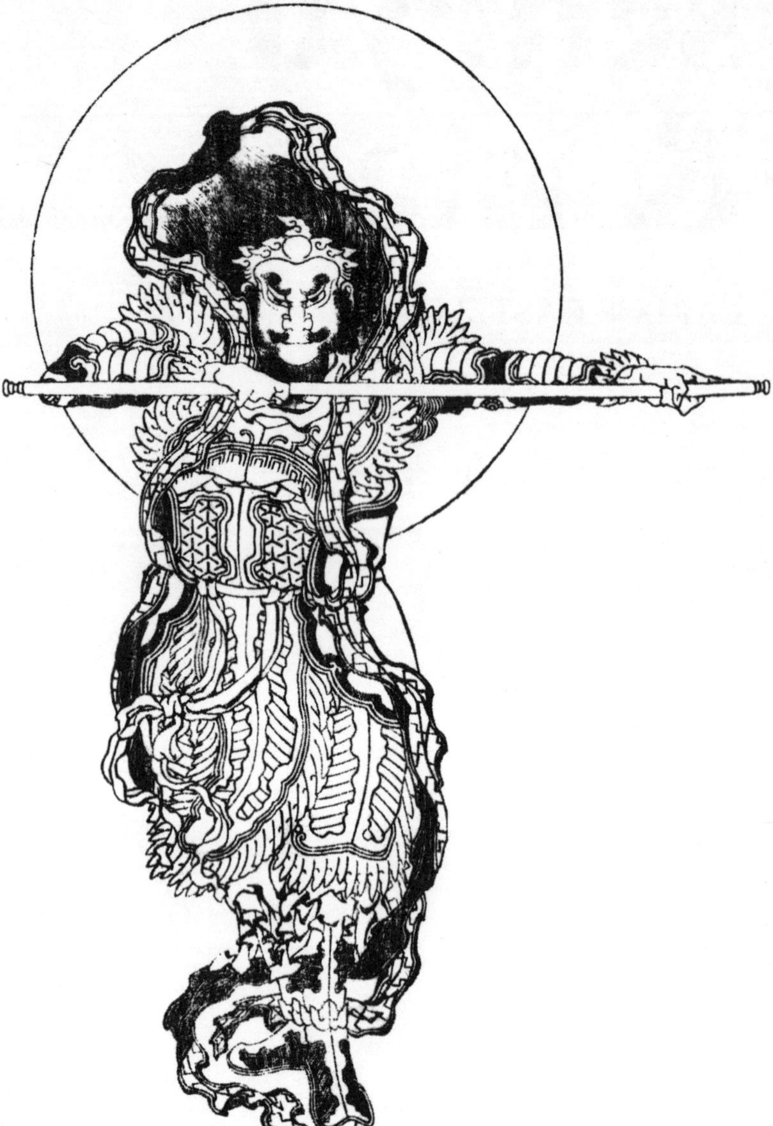

Minha gratidão a Rodolfo Witzig Guttilla, que abraçou este livro como se fosse seu. E não deixa de ser.

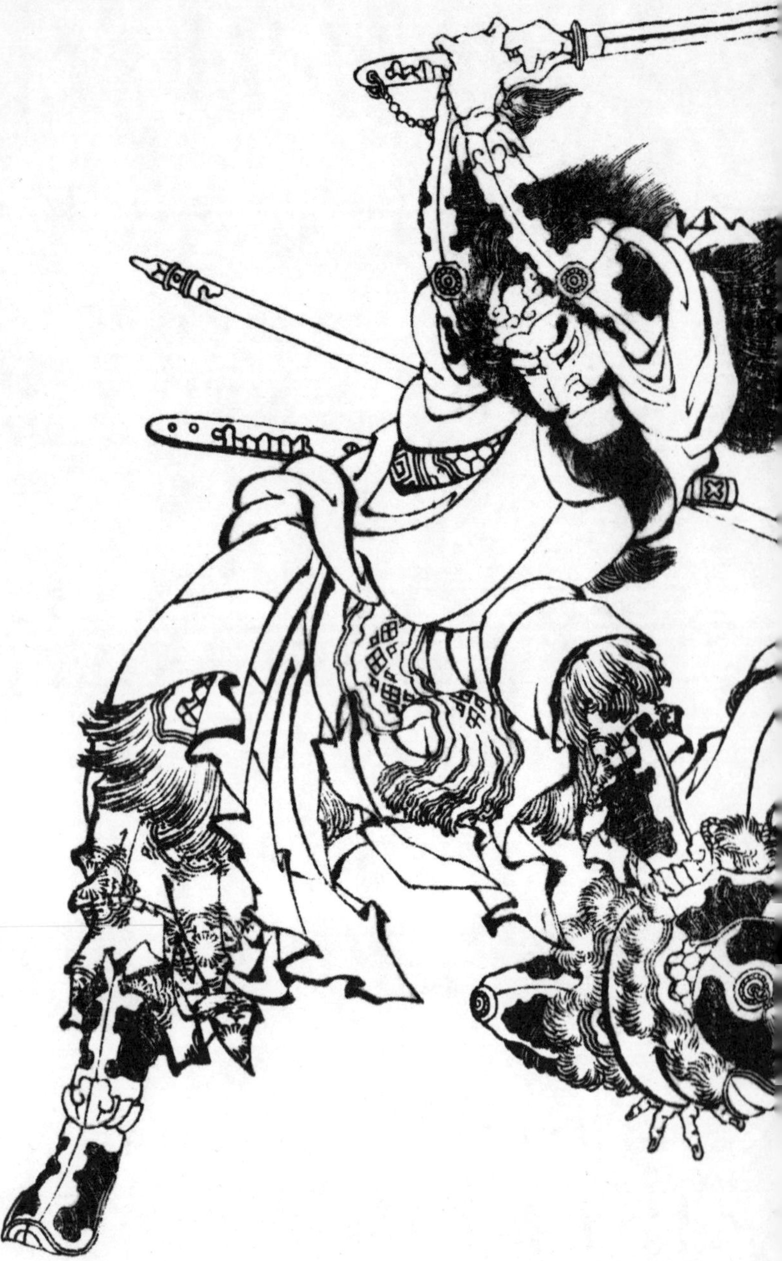

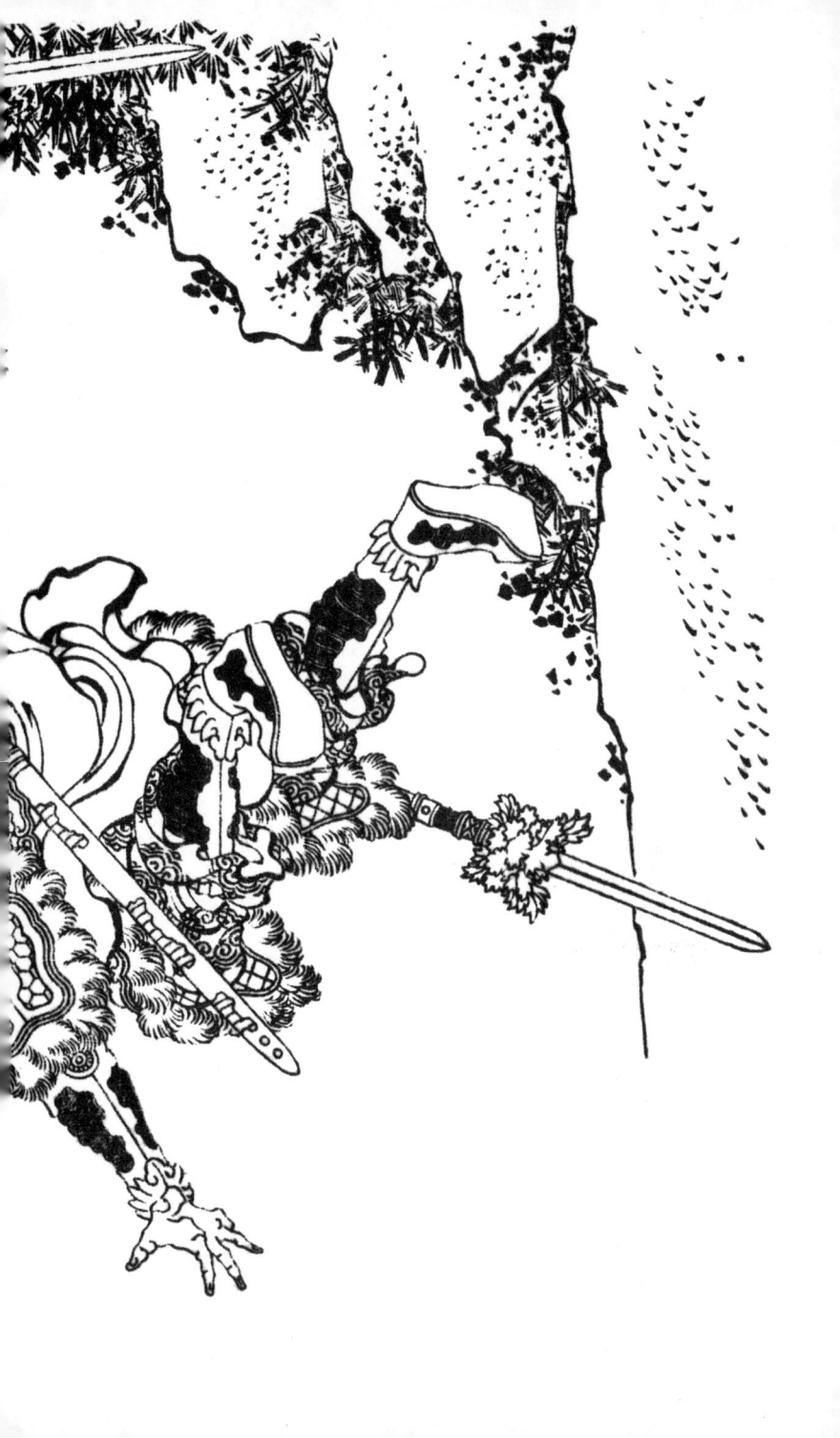

Meu dinheiro
Vem todo
Do meu tinteiro.

Millôr Fernandes

SUMÁRIO

Apresentazzâo de Zuca Sardan 13

senryu & me 17

APRESENTAZZÂO DE ZUCA SARDAN

Nesta época de fulminante engajamento de nossassos leitorococas devemos zapoyar os quatro ou cinco sexos até o momento conhecidôs-dás, cada uma melhor que o outro, ou dás ou desces de nosso caminhâo-propaganda, todomundo danβando, fantasias muito lokas, lanβa-perfumes serpentinas dum eterno Carnaval, antes que o Arcanjo Diego chegue de Lima e trepado numa nuvem toque o trombone... quando todos esqueletos e esqueletas brancos e pretas, sem esquecer as caboclas e nossossas amerabas, vâo pular fora das tumbas danβando a lambada. O Arcanjo se pendura na nuvem pra nos dizer que é Anúncio pro Juízo Final, nâo é Grito de Carnaval. Mas ninguém ouve, e segue a Folia. Entâo, no Pagode Nipâo, é preciso uma boa guardachuvada do Mestre no Aluno prele se concentrar no Zen. Se o Aluno abre a torneira sentimental a chorachover injustiβas em catatubas, o Mestre, em vez de abrir, fecha o guardachuva e acerta-o de rijo no côco do Aluno. Que tem entâo um Satori. Os Senryu sâo haikai Zen pra propiciar o Satori: o Mestre procura iluminar o Leitor. Se o Leitor gostar do Senryu... é porque ztá comezzando a progredir. Se nâo gostar, paciência... Quem sabe da próxima vez...
zzzzzzzzzzzzzzzzzzzzzzzzzzzzzzzzzzzzzzzzzzzzzzzzzzzzzzzzzzzzz-
zzzzzzzzzzzzzzzzzzzzzzzzzzzzzzzzzzzzzzzzzzzzzzzzzzzzzzzzzzzzz-
zzzzzzzzzzzzzzzzzzzzzzzzzzzzzzzzzzzzzzzzzzzzzz

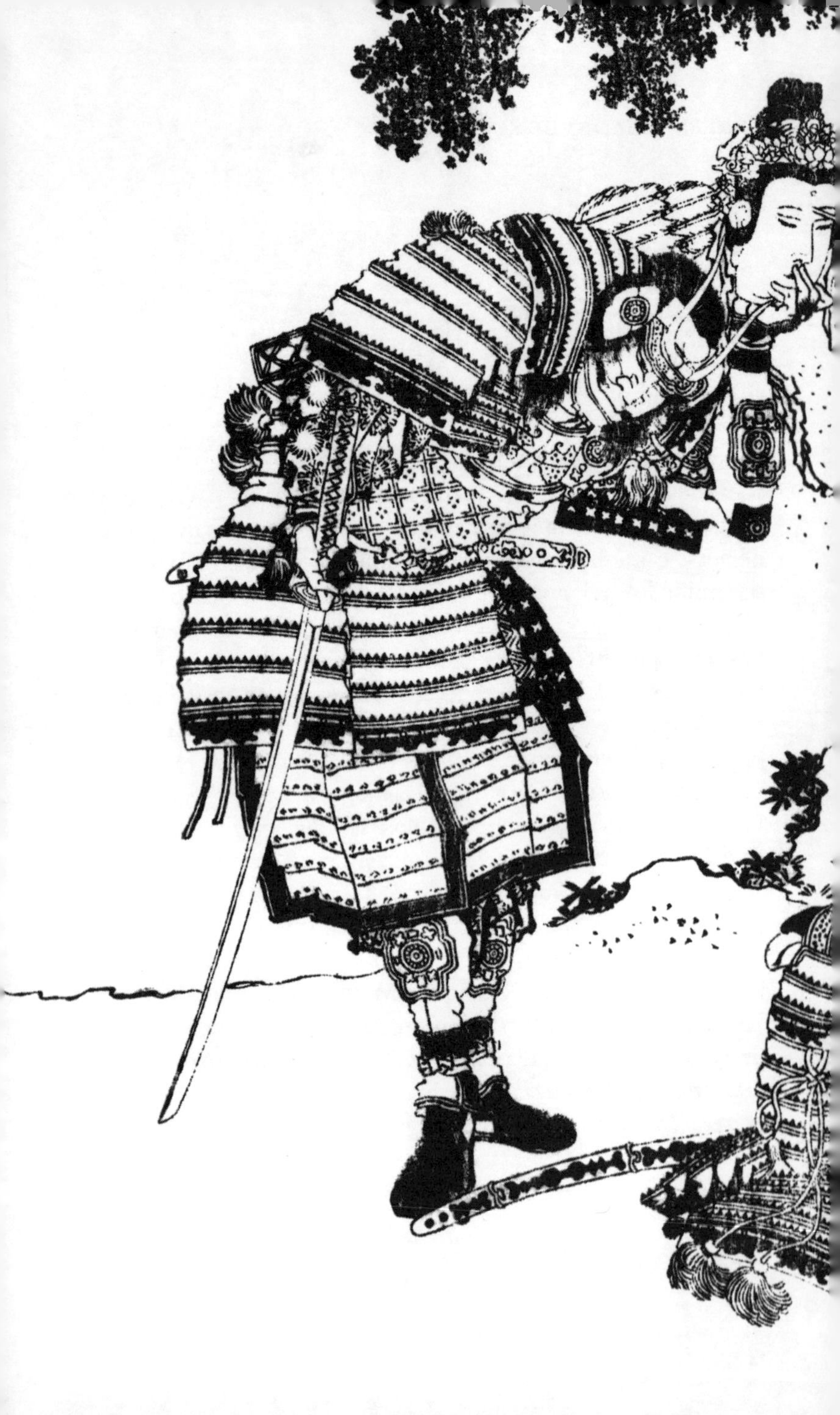

大悲中人不成正願隨虛妄罪過中下選

senryu, uai
é o primo engraçado
do haicai

nesse mundo hipócrita
quando alguém diz "quero crer"
já é meio descrer

sou tão sortudo
achei minha voz poética
virei mudo

já é primavera –
a barata me persegue
apaixonada

não fiz pós-graduação
a não ser em ser
ou não ser, eis a questão

brevidade
é isto
pronto, acabou

nem tudo são flores
– disse aquele tronco
à folha caindo do galho

ir sem traje algum
à live do Zoom
algo positivo, enfim

a humana aventura
ó céus, quem diria
cada vez mais desventura

a felicidade
é passageira
e viaja sem bagagem

quem corta versos
não retira sons
agrega silêncios

quando a natureza
revida
adeus, vida

infância é um querer
adolescência, um não querer
velhice, um não

quanto menos poético
um verso é
mais poesia será

faça o que podes
com o que tens
ou tu te fodes

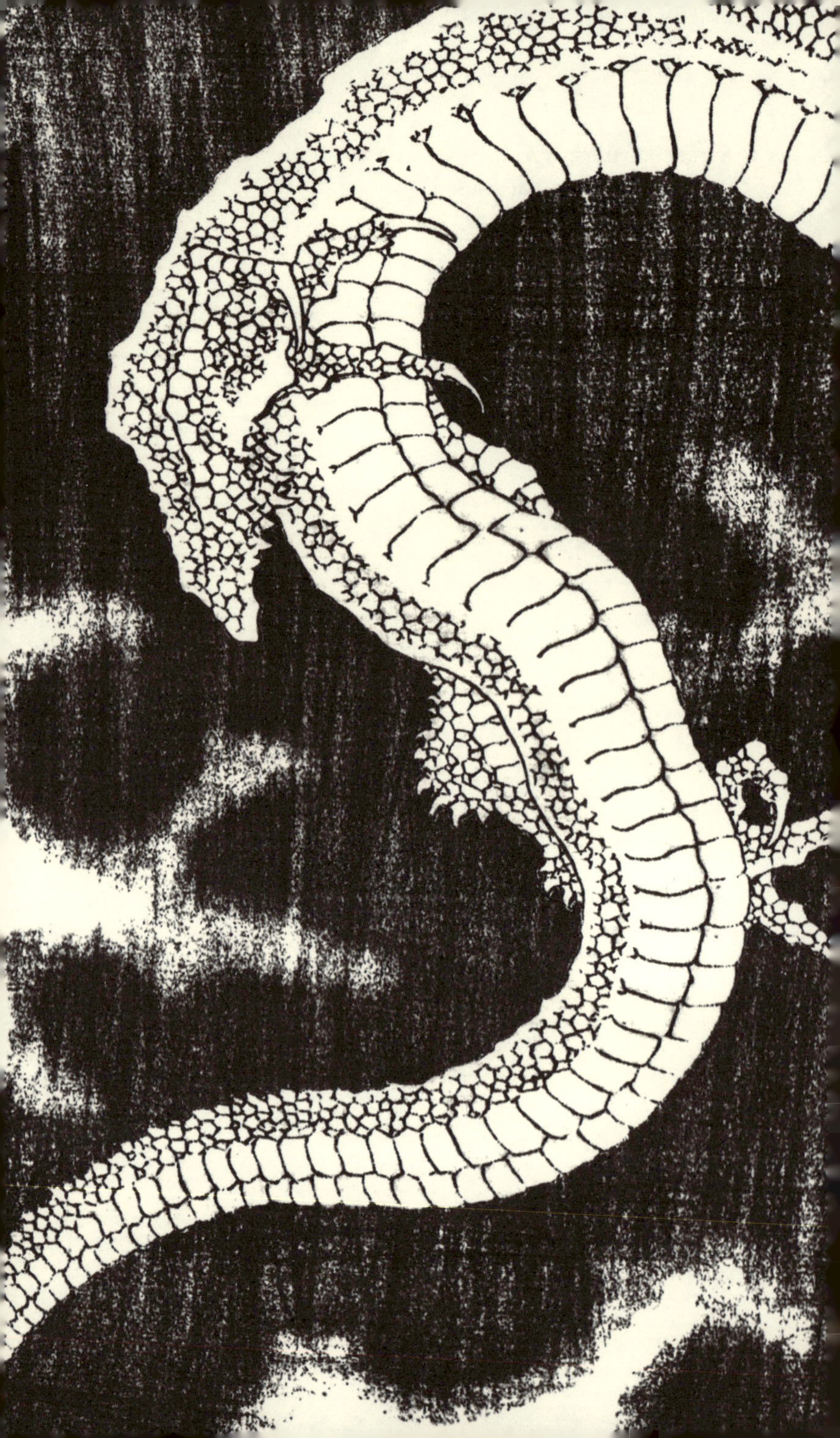

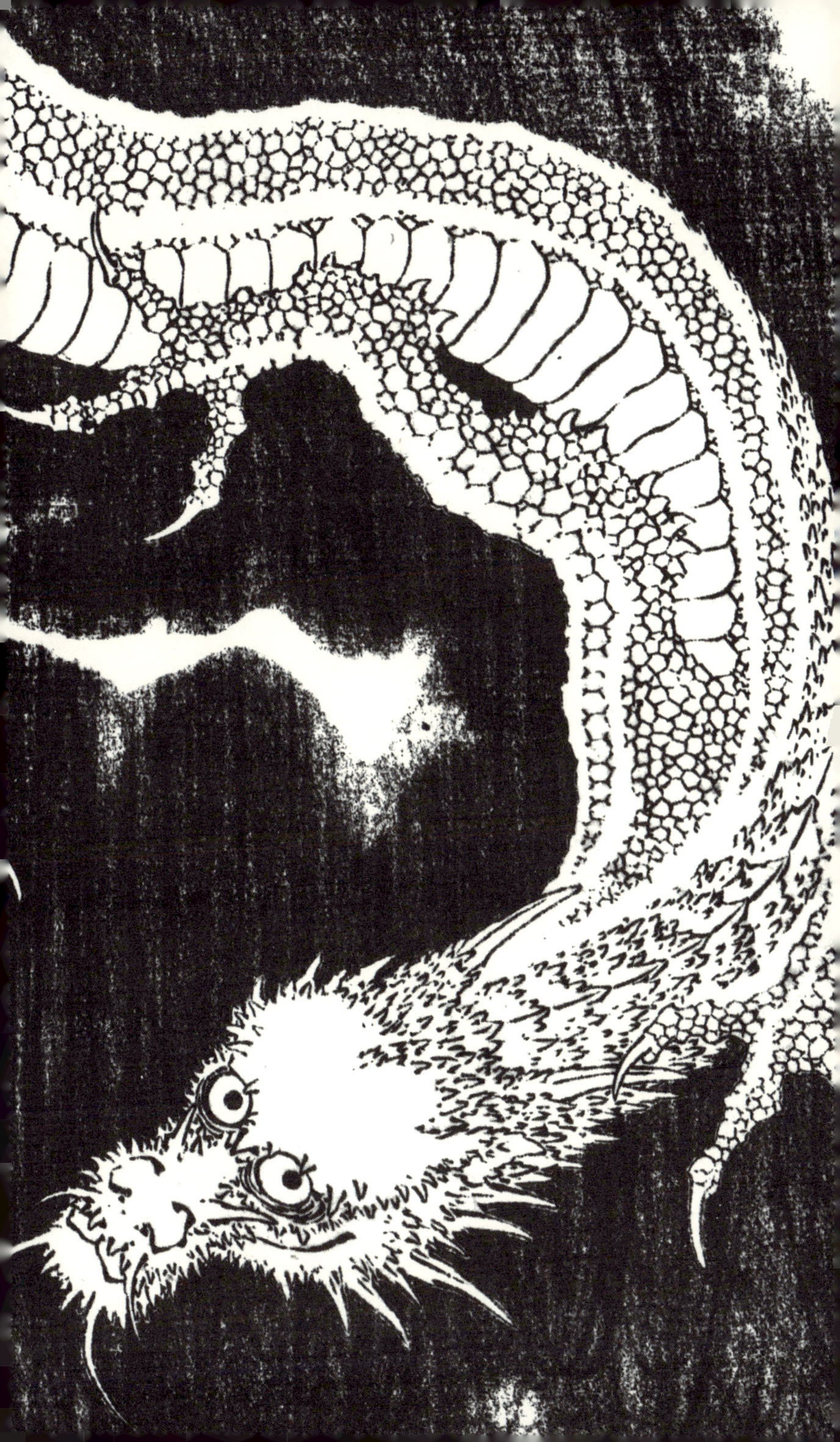

fatalidade
que nos transpassa:
nosso passado não passa

o mais divertido
na escureza
é ver tudo

um rosa é um Rosa
é um Rosa é um Rosa é
um Guimarães Rosa

nossa arquitetura
deveria cultivar
a simples cidade

de poetas gregos
não falo em meus versos
Homero citava Homero?

até William Carlos Williams
pode ter seu dia
de W C Williams

gostava
de detestar tudo
numa ideia alheia

jamais fui vate
nem trovador ou rapsodo
sou cão que late

existirmos
a que será que se destina?
e onde compra cajuína?

sou Carlos Antônio
de Melo e Castelo Branco
já nasci haicai

Se tudo
é iconoclasta
nada é iconoclasta

pra oficializar
a piada
humoristas no poder

flores amarelas
sobre gramado cinza
outono pintou

e no amanhã
como será a poesia
haverá enjambement?

país na barbárie
e vocês aí
reclamando da cárie

mosquito é indolente
se estudasse canto
coitado do curió

chuva molhadeira
a chance do ralo
ter seu dia de torneira

encheu-se tanto de Deus
que, pra não ser vazio,
virou ateu

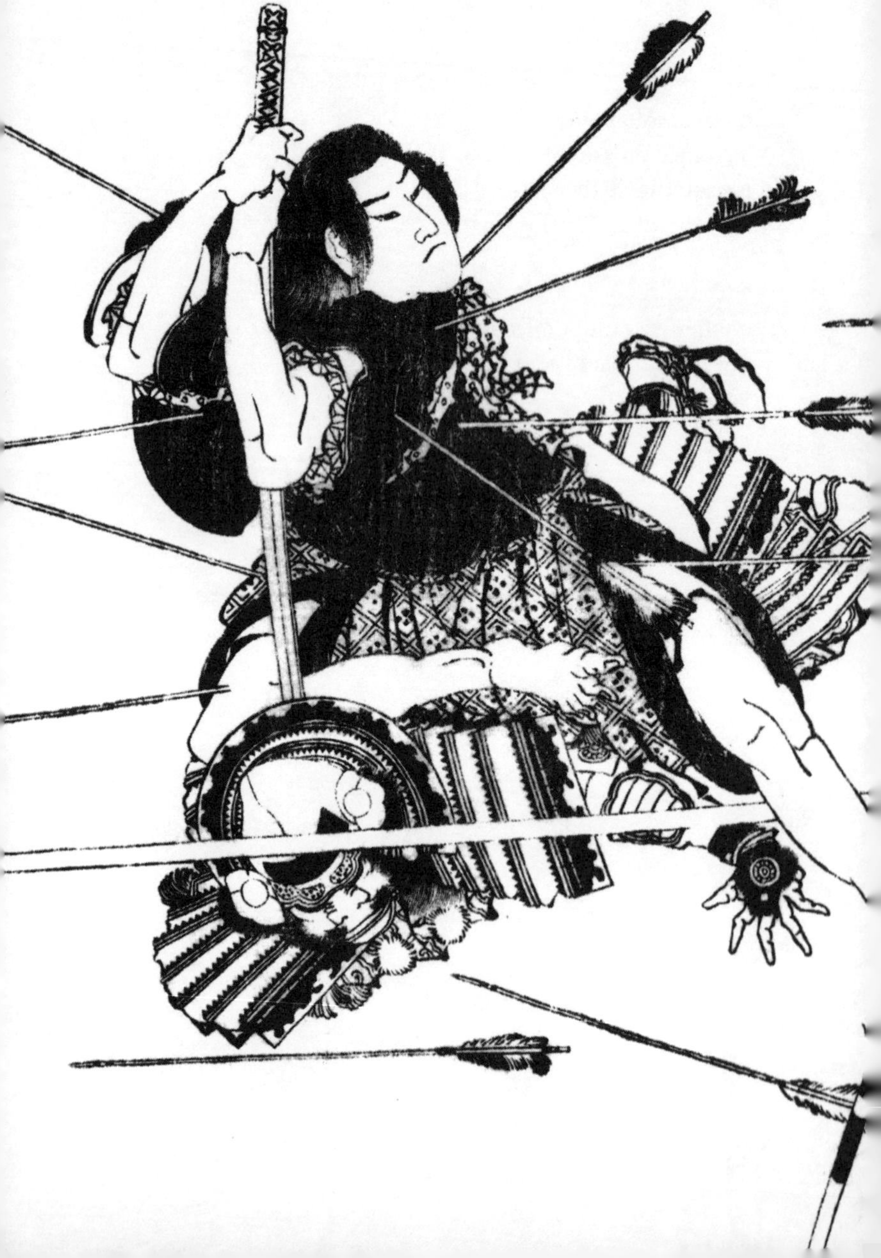

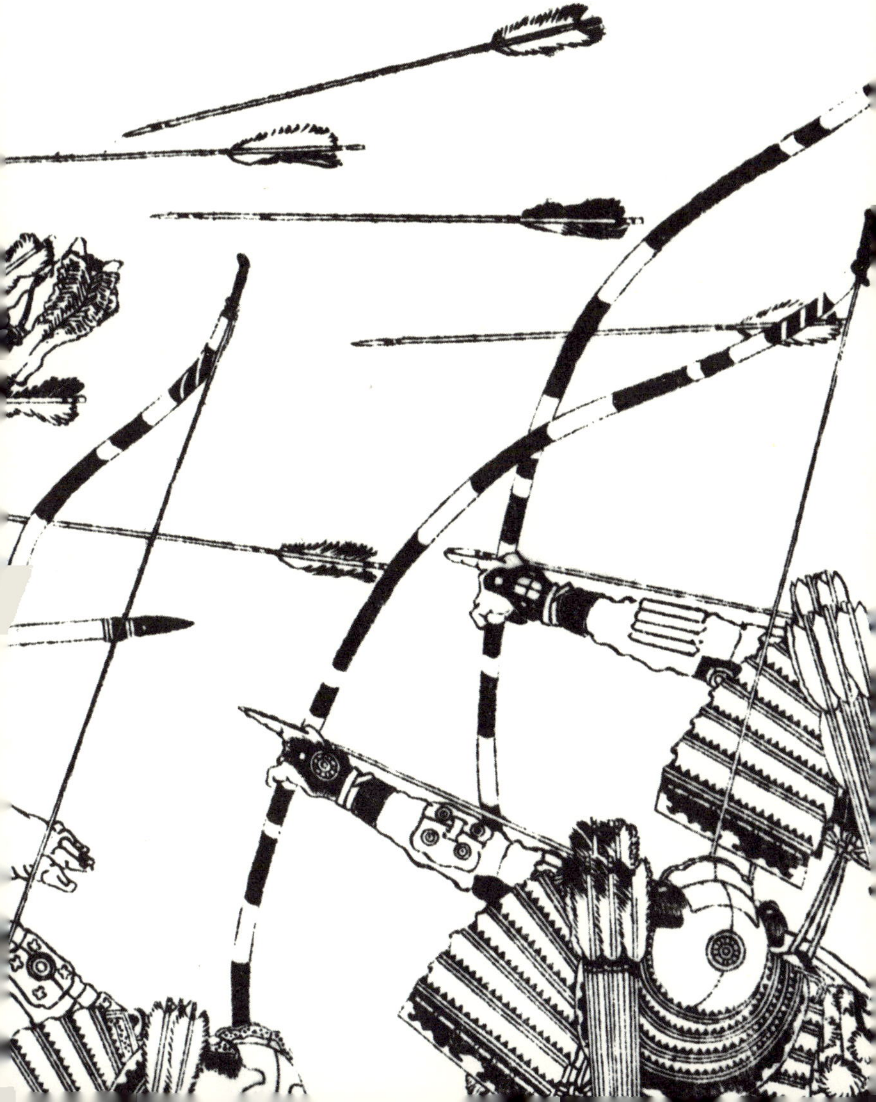

fome na calçada
se eu pudesse comeria
as maçãs do rosto

essa angústia
só cabe
num dodecassílabo

muriçoca ontem
pernilongo hoje
aedes amanhã

não resta mais dúvida
só sobrou do progresso
a escova progressiva

o sapo coaxa
por sobre sua barriga
a pata do cão

matar
o tempo
mata

verão primavera
outono inverno
contemplei todos os kigô

no meio do caminho
tinha uma pedra
e um passarinho morto

popularidade
irmã gêmea
da mediocridade

velho tanque
uma rã mergulha
suicídio?

velho vaso sanitário
a merda mergulha
cataploft

vivo numa ilha
especialista
no comércio de virilhas

sem a rã e sem o tao
inexistiria
poesia oriental

papa Nicolau
padroeiro
dos ginecologistas

meu haicai guilhermino
rima chuva com saúva
e velho com menino

a vida não passa
de um era uma vez
cheio de talvez

vá à merda – disse
preferi não ir
ela foi

na poltrona nu
Piazzola na vitrola
cão lambendo o cu

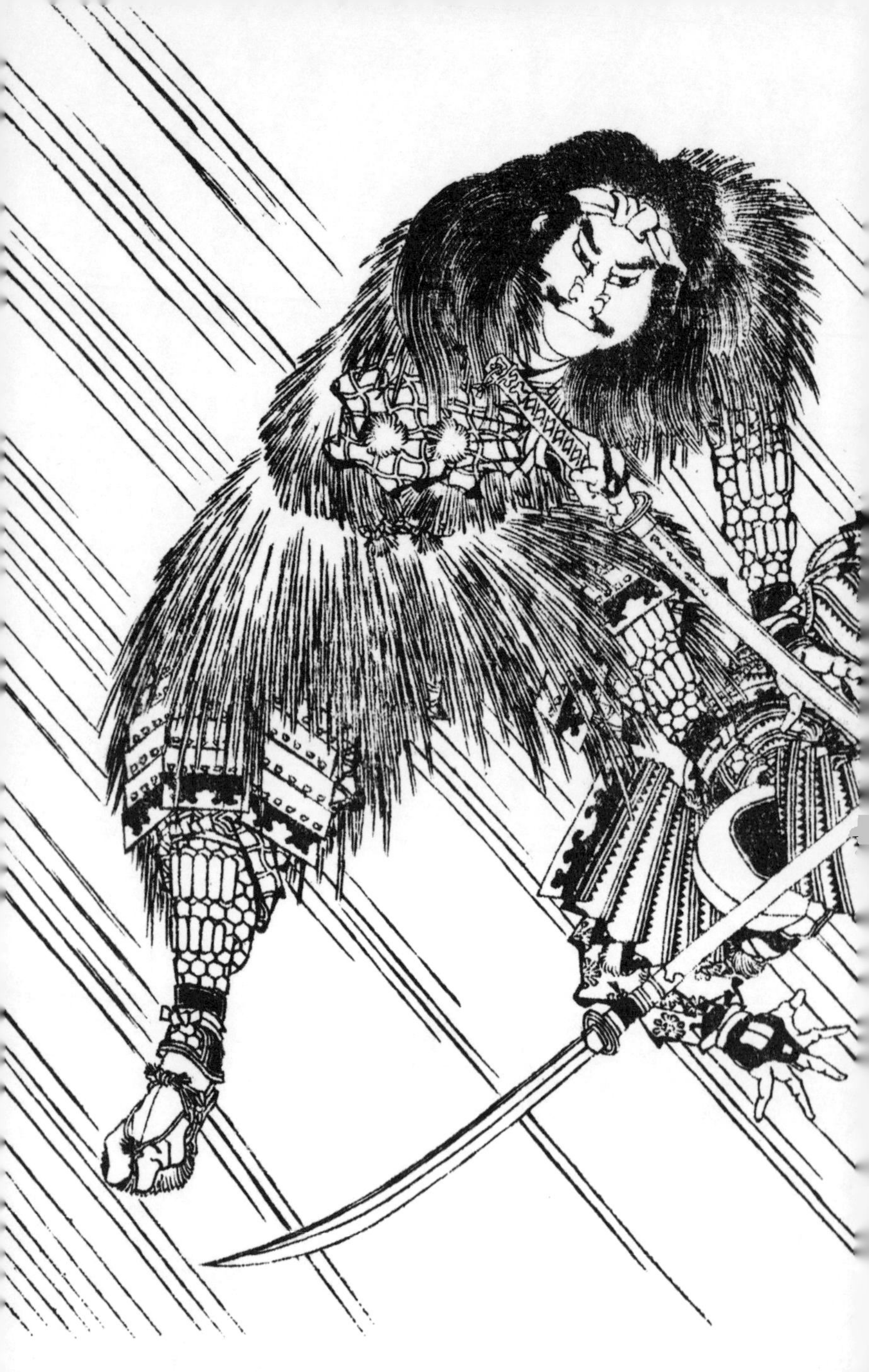

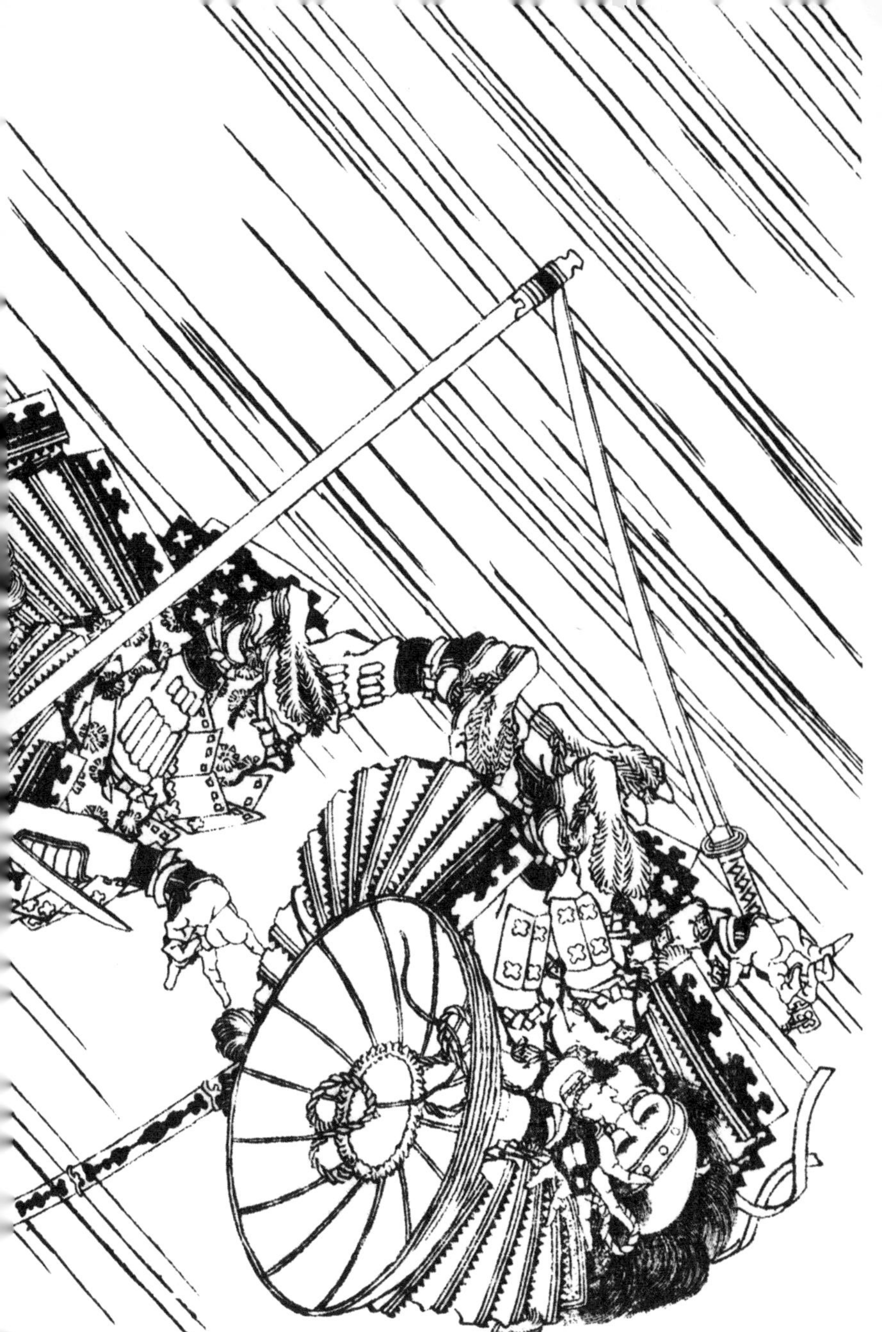

não sou apolíneo
nem tampouco dionísico
só um pouco tóxico

excessos, adeus
enrolá-lo é deturpá-lo
eu, o haicai comeu

é tão elástica
a minha poesia
quase artes plásticas

quando a preguiça
derrota o sonho
nasce o pequeno burguês

tinto Barca-Velha
barca de queijos
vamos nos naufragar

gato atropelado
no meio da rodovia
acabou notado

amor
amor de fato
nunca se encontra barato

de um canto a barata
se apresenta em marcha lenta
mas voa a gaiata

carro da coleta
de óleo passando na rua
tudo se transforma

a minha arte
não é menor
é tu que não tens grandeza

todo morticínio
tem por trás um dirigente
sem nenhum neurônio

vida que segue
só não se sabe
exatamente pra onde

as últimas palavras
daquele homem mudo
foram ensurdecedoras

na rua da amargura
abriram uma avenida
das mais escuras

quem nasce pra bunda
está nos livros sagrados
nunca chega a Buda

cabra no quintal
até faria um poema
se fosse João Cabral

sou do Piauí
como lá nunca chovia
vim pro Cambuci

privilegiado
vivia seus sonhos
dormindo acordado

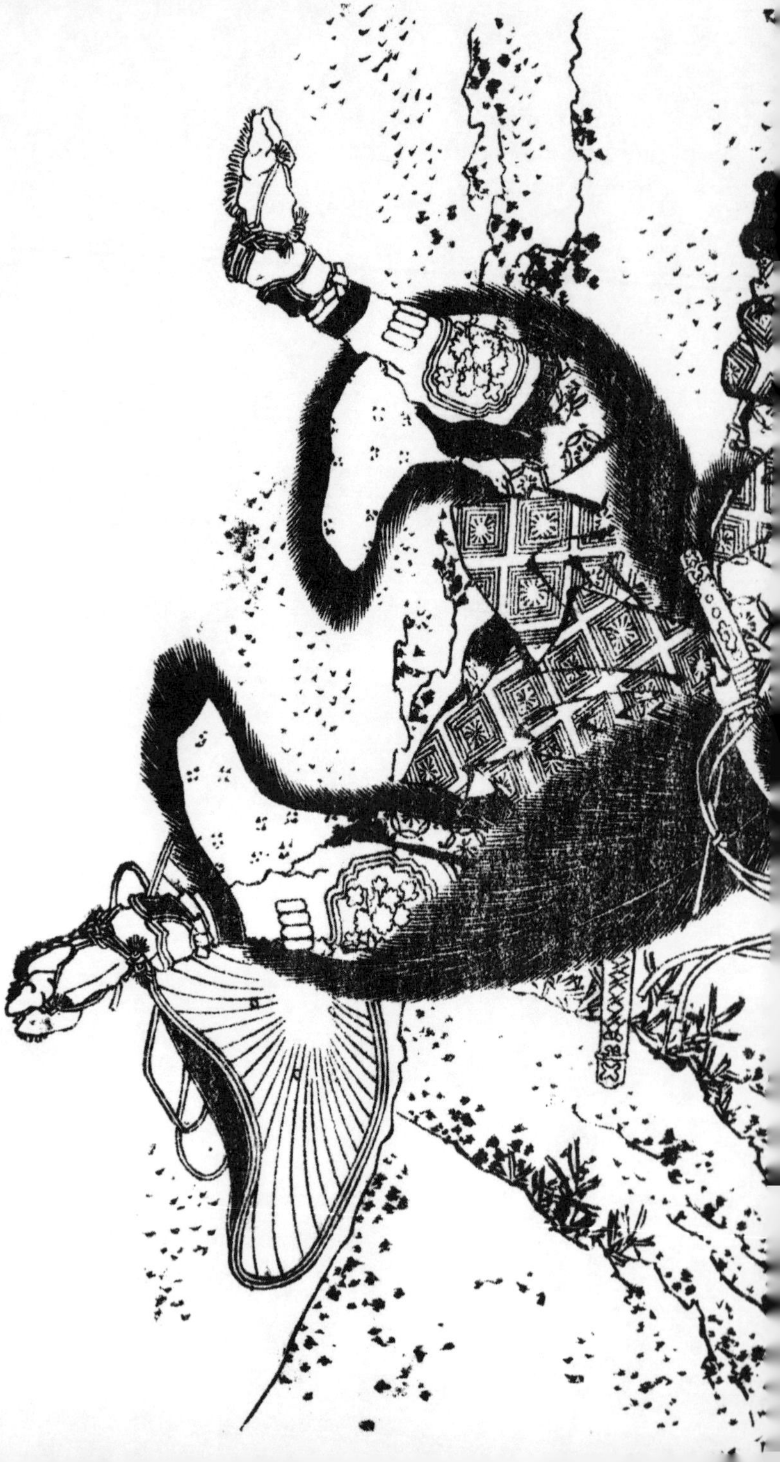

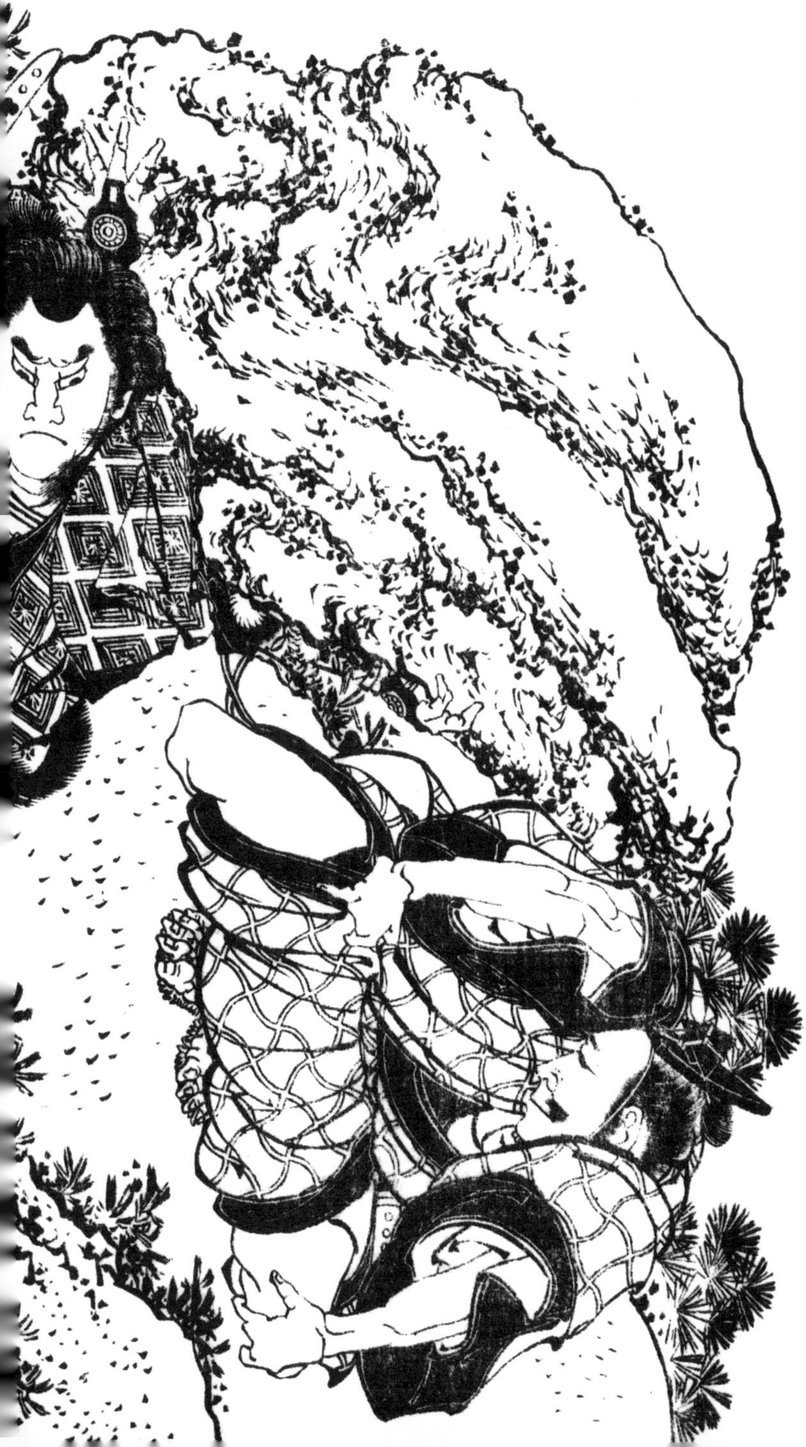

do haicai, sou fã
quem o cultua
jamais usa comic sans

livros? melhor não tê-los!
mas não lê-los
é muito desmazelo

a anomalia
do insta-poeta
é escrever fotografia

poesia é porreta
estorvo
é o poeta

chega de escuro
o presente não basta
queremos futuro

cansou de se isolar
partiu pro parque
roubaram o celular

tudo simplesmente
desperta e desaparece
quem morre consente

o meu verso é guerra
um fim ao clichê
que gruda como chiclé

mais que ensimesmado
o meu tipo vai além
sou em mim mesmado

coisa mais chatinha
em concurso literário
só ganha a igrejinha

tensão filosófica –
nada provoca maior
tristeza metafísica

vejam vocês
o maior medo do pobre
é o fim do mês

oposto ao bonsai
o amor não cabe na métrica
do haicai

de forma sucinta
poesia
são vozes de tinta

doutor em Literatura
ficou mais importante
que o autor das Escrituras

já pilotei
o avião do seu coração
mas me ejetei

lá sou pinéu?
não escrevo em português
prefiro papel

o Brasil tem a pecha
de ser conta
que não fecha

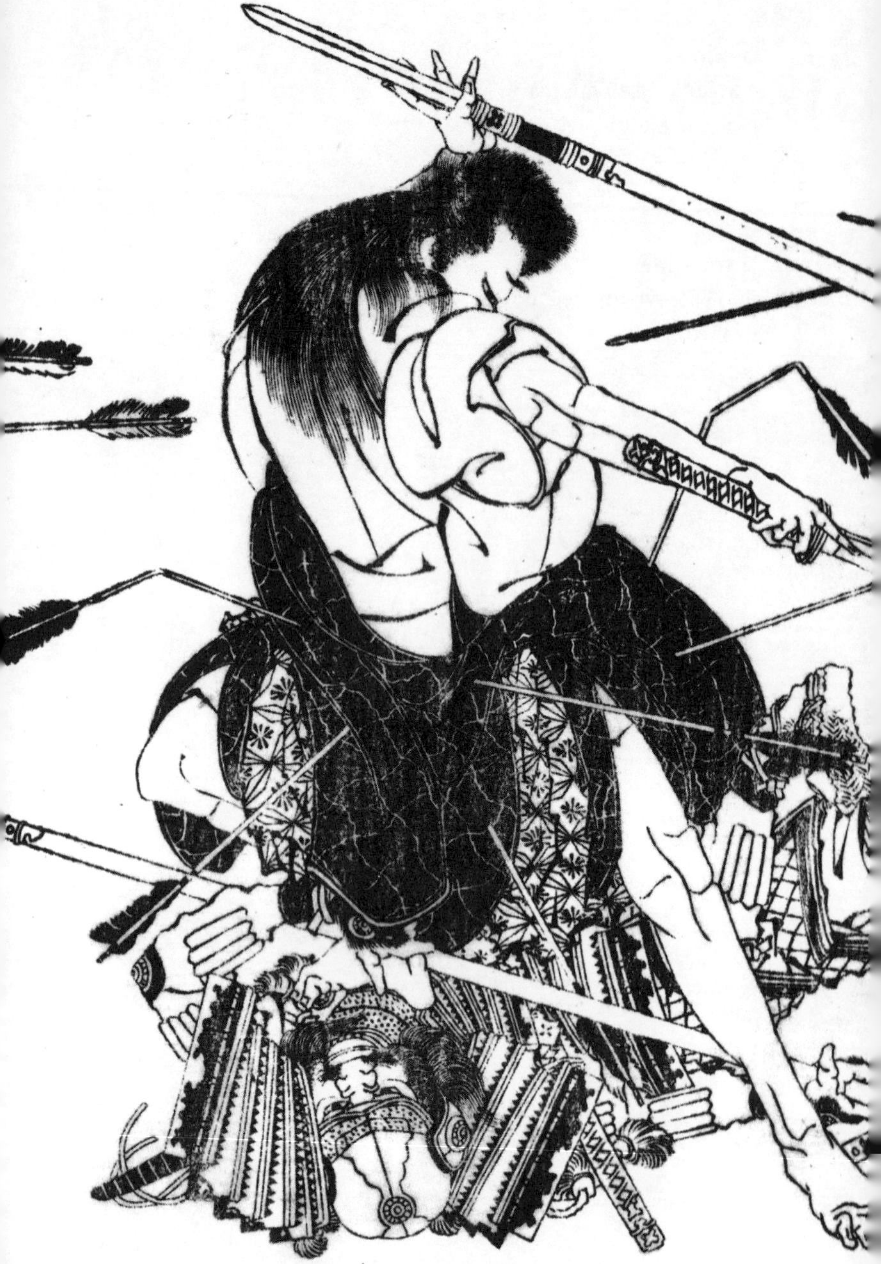

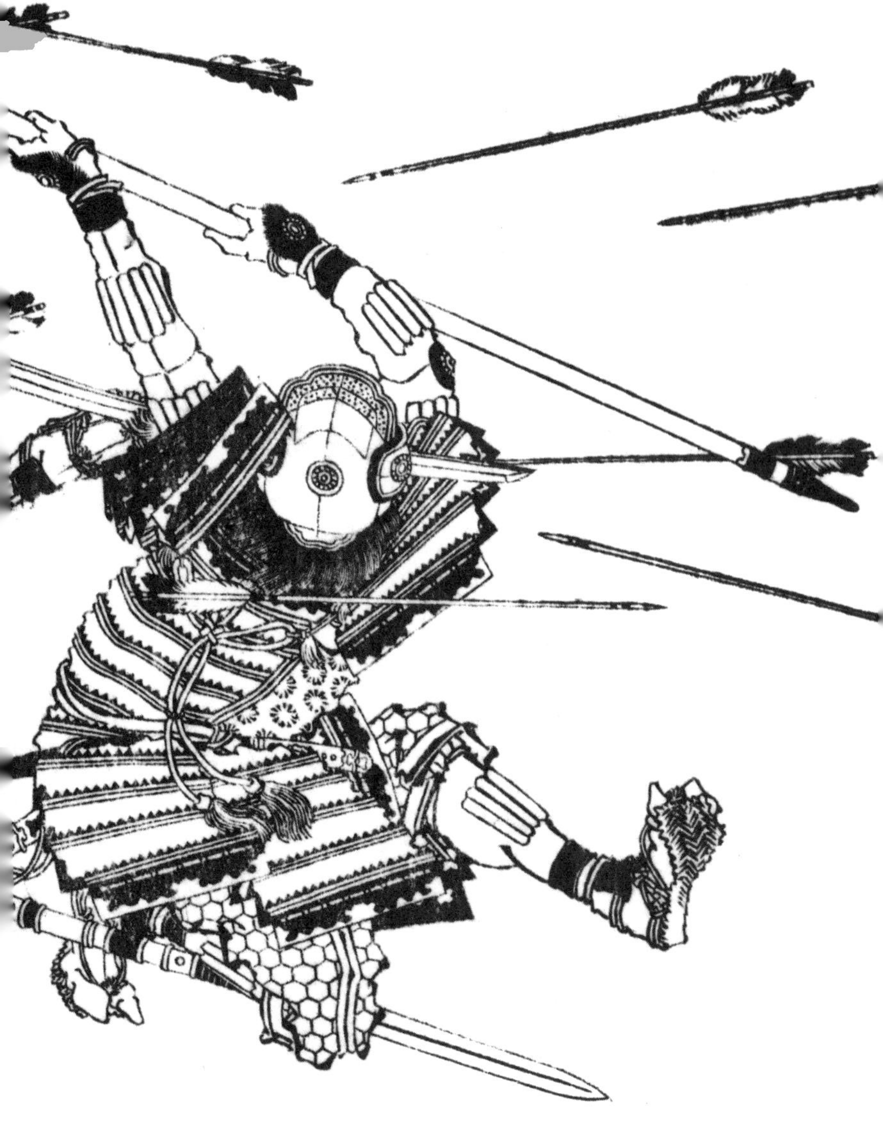

é nosso legado
não temos trabalhadores
somente criados

deus me livre do sucesso
sou escritor
vivo do fracasso

idoso assobiando
exame deu negativo
ou está delirando

num mundo tão próximo
do grande fim
o mínimo é o máximo

só o que faltava –
querer morrer e não ter
morte disponível

qualquer um, queridos
pode ser poeta
só não fodam meus ouvidos

sumiram num átimo
desintegrou-se
o núcleo do átomo

faço poesia
mas sou realista o bastante
nada será como Dante

acesso à informação:
taí uma coisa
inacessível

poeta
não goza
glosa

supercalifragilisticexpialidocious
pronto
fiz um senryu concreto

já notou que o haicai
é uma espécie de galáxia
feita de três versos?

和漢酒本

© 2022 Carlos Castelo
Todos os direitos desta edição reservados à Laranja Original.

www.laranjaoriginal.com.br

Edição *Bruna Lima e Filipe Moreau*
Projeto gráfico *Flávia Castanheira*
Produção executiva *Bruna Lima*
Tratamento das imagens *Carlos Mesquita*

Todas as imagens deste livro foram retiradas da obra Ilustrações de Anedotas Honrosas do Japão e da China (*Illustrations Honorable Anecdotes of Japan and China*), do artista japonês Katsushika Hokusai [Tóquio, Período Edo (1760-1849)] e estão no site do Met Museum.

Texto revisado de acordo com o Novo Acordo Ortográfico
da Língua Portuguesa.

Dados Internacionais de Catalogação na Publicação (CIP)
(Câmara Brasileira do Livro, SP, Brasil)

Castelo, Carlos
    senryu & me: poesia nipo-brasileira de humor /
    Carlos Castelo
    1.ª edição – São Paulo: Laranja Original, 2022
    (Coleção Poesia Cítrica v. 2)
ISBN 978-65-86042-49-8

1. Poesia brasileira I. Título. II. Série.
22-121843   CDD-B869.1

Índices para catálogo sistemático:
1. Poesia: Literatura brasileira B869.1
Cibele Maria Dias – Bibliotecária – CRB-8/9427

LARANJA ORIGINAL EDITORA E PRODUTORA EIRELI
Rua Capote Valente, 1198
05409-003 São Paulo SP
Tel. 11 3062-3040
contato@laranjaoriginal.com.br